Kauderwelsch
Band 57

Carnaval, Gran Canaria

Impressum

Hans-Jürgen Fründt
Spanisch Slang – das andere Spanisch
erschienen im
REISE KNOW-HOW Verlag Peter Rump GmbH
Osnabrücker Str. 79, D-33649 Bielefeld
info@reise-know-how.de

11. überarbeitete Auflage 2019

Bearbeitung Josef Overberg, Michael Blümke
Layout Maja Kandzorra
Überarbeitung Manuel Wiederhold
Layout-Konzept Günter Pawlak, FaktorZwo! Bielefeld
Cover-Illustration Patrick Haase
Fotos Archiv Turespaña (S. 1, 8, 13, 24, 50, 78, 83, 87), Dr. Hans Grundmann (S. 85), Rest: Autor
Zeichnungen (Gesten) Stefan Theurer
Gesamtherstellung Himmer GmbH Druckerei & Verlag, Augsburg

Printed in Germany

ISBN 978-3-8317-6552-2

Wer im Buchhandel kein Glück hat, bekommt unsere Bücher zuzüglich Porto- und Verpackungskosten auch direkt über unseren Internet-Shop:

www.reise-know-how.de

Die Internetseiten mit Aussprachebeispielen und der Zugriff auf diese über QR-Codes sind eine freiwillige, kostenlose Zusatzleistung des Verlages. Der Verlag behält sich vor, die Bereitstellung des Angebotes und die Möglichkeit der Nutzung zeitlich und inhaltlich zu beschränken. Der Verlag übernimmt keine Garantie für das Funktionieren der Seiten und keine Haftung für Schäden, die aus dem Gebrauch der Seiten resultieren. Es besteht ferner kein Anspruch auf eine unbefristete Bereitstellung der Seiten.

Der Verlag möchte die **Reihe Kauderwelsch** weiter ausbauen und **sucht Autoren!** Mehr Informationen finden Sie unter ***www.reise-know-how.de/verlag/mitarbeit***

Kauderwelsch

Hans-Jürgen Fründt

Spanisch Slang

das andere Spanisch

¡Es cachondo!
Das ist geil!

Kauderwelsch „Slang“ heißt:

- Schnell mit dem **Sprechen** beginnen, auch wenn nicht immer alles korrekt ist.
- das Kauderwelsch der alteingesessenen Bewohner vor Ort mit all seinen fremdartig und zuweilen lustig klingenden Lauten und Ausdrücken wirklich verstehen, und sich in die **Lebensart, das Lebensgefühl, die Lebensphilosophie der Menschen** vor Ort einzufühlen. Denn „Slang“ ist nie nur eine andere Art zu sprechen, sondern Ausdruck einer anderen Art zu denken, fühlen, genießen, leben und zu lieben.
- Es geht um die **Alltagssprache,** also das, was man tatsächlich auf der Straße hört.
- Die **Autorinnen und Autoren** werden Sie immer wieder zum schmunzeln bringen und auf unterhaltsame Weise die Mentalität und das Lebensgefühl des jeweiligen Sprachraums vermitteln.

Kauderwelsch-Slangführer sind keine Lehrbücher, aber viel mehr als traditionelle Reisesprachführer. Es erwarten Sie sprachliche Leckerbissen, gespickt mit **umgangssprachlichen Floskeln, Redewendungen und lockeren Sprüchen,** die den Mutterwitz der Bewohner charakterisieren.

Talk to each other!

Spanisch Slang

Einleitung

Die lockere Sprache des Alltags

Im Gespräch

Anhang

© Archiv Turespaña

Madrid

Vorwort

Vor ein paar Jahren kam ich nach Madrid, um für ein Jahr an der dortigen Universität zu studieren. Ich hatte bereits einige Jahre an verschiedenen Schulen und an der Uni Hamburg Spanisch gelernt, war also nicht ganz unvorbereitet. An einem der ersten Abende landete ich auf einer Geburtstagsparty. Der anfängliche sprachliche Elan verstummte allerdings recht schnell, denn ich bekam nicht allzu viel mit.

Als ich dies dem Gastgeber erzählte, meinte der: „Nicht aufregen! Du sprichst schon ganz ordentlich, aber irgendwie künstlich, so, als ob du eine Figur aus einem Lehrbuch wärst.“ Damit traf er den Nagel voll auf den Kopf! Bislang hatte ich ja nur Vokabeln und Grammatik gepaukt, aber nicht die Umgangssprache español coloquial oder den Straßenslang argot kennen gelernt.

Glücklicherweise gibt es seit Jahren an der Uni Madrid einen Kurs español coloquial. Das ist immerhin ein erster Versuch, die ausländischen Studenten auf die tatsächlich gesprochene Sprache einzustimmen. Denn wer schon etwas Spanisch spricht, wird zwar problemlos in jeder Bar Kontakte knüpfen können, aber überall wird man auf umgangssprachliche Äußerungen treffen, die im alltäglichen Sprachgebrauch fest verankert sind.

Da die Spanier sehr lebhaft kommunizieren und oftmals mit „Händen und Füßen" reden, ist es außerdem unerlässlich, die Gestik der Körpersprache zu kennen. In dieser Sammlung habe ich die wichtigsten und alltäglichsten (nicht immer feinen!) Ausdrücke zusammengetragen, damit das erste oder zweite Gespräch in Spanien nicht zu einem akademischen Diskurs, sondern zu einer lockeren Unterhaltung werden kann. Ein gehöriges Maß an Einfühlungsvermögen setze ich dabei natürlich voraus.

Die hier vorgestellten Ausdrücke beziehen sich in erster Linie auf die in Spanien gesprochene Alltagssprache. Lateinamerikanische Slang-Ausdrücke sind nicht besonders berücksichtigt, eine Übereinstimmung wäre reiner Zufall.

Außerdem bitte ich Sie bei der Lektüre dieses Buches Folgendes zu bedenken: Es ist selbstverständlich, dass die Ausdrücke in diesem Buch nichts mit meiner Einstellung zu tun haben. Das gilt besonders für Schimpfwörter und beleidigende Ausdrücke. Es liegt ausdrücklich nicht in meiner Absicht, dass die aufgeführten diskriminierenden Ausdrücke verwendet oder verbreitet werden. Ich habe sie aufgelistet, weil es sein kann, dass man ihnen begegnet (in Filmen, Büchern oder auf der Straße), und verstehen sollte man, was man hört. Diese Sammlung ist nicht vollständig.

Estimados lectores, al leer este libro ruego tener lo siguiente en cuenta: Se sobreentiende que las expresiones utilizadas en este libro no corresponden a mi opinión. Esto se refiere en especial a palabras injuriosas u otras expresiones insultantes. No es mi intención ni pretendo que se utilicen y se disvulguen expresiones menospreciativas. La posibilidad de verse enfrentado por medio de películas, libros o simplemente en la calle a dichas expresiones me lleva a incluirlas ya que es necesario entender lo que se escucha. Esta selección no está completa.

Hinweise zur Benutzung

Diese Wort- und Phrasensammlung könnte man in zwei Teile gliedern: Es geht los mit typisch spanischen Ausdrücken, die Ihnen in bestimmten Situationen begegnen werden, z.B. an der Uni, in der Bar, im Straßenverkehr etc. Das sind nicht immer Slang-Ausdrücke.

Im zweiten Teil geht es dann um die echte Umgangssprache. Wiederum grob nach Situationen sortiert, aber Überschneidungen ließen sich nicht vermeiden. Zu diesem zweiten Teil möchte ich einiges anmerken.

Wissenschaftlich gesehen, ist Slang eine „Low-Level-Sprache", die ausschließlich von unteren sozialen Schichten gesprochen wird, da ihnen die „Hochsprache" nicht geläufig ist. Ich verstehe Slang, anders und zwar als die Sprache, die von den Leuten im alltäglichen Leben gesprochen wird, wenn man nicht auf Etikette achten muss. Da wimmelt es von „Spezialausdrücken" und „unfeinen" Wörtern. Gerade bei Letzteren ist es nötig, recht genau zu differenzieren. Auch bei uns kann ja z.B. das Wort „Scheißkerl" (je nach Situation und angesprochener Person) mal durchaus freundlich, mal höchst beleidigend sein. Auch werden sich zwei Männer an der Theke anderer Ausdrücke für Frauen bedienen, als dann, wenn eine Vertreterin des anderen Geschlechts zuhört.

Solange man in einer Gruppe diese Sprache versteht, hat sie auch ihre Berechtigung. Wenn man erst einmal die Grundregeln verstanden und sich in die Sprache eingehört hat, fällt es auch nicht mehr so schwer, sein Gegenüber zu verstehen.

Völlig vulgäre Ausdrücke sind durch ein „Bömbchen" gekennzeichnet.

Ich habe stets versucht, die deutsche Übersetzung der Ausdrücke auf dem gleichen Sprachlevel zu halten. Trotzdem ist bei der Anwendung manchmal Vorsicht geboten. Abwertende Ausdrücke und Beleidigungen sind eh nicht zum Gebrauch, sondern lediglich zum Verstehen aufgeführt (siehe hierzu auch Seite 10). In diesem Zusammenhang auch ein Zitat aus „Das Wörterbuch" von den Gebrüdern Grimm: „Ein Wörterbuch ist nicht dazu da, die Wörter zu verbergen, sondern um sie hervorzubringen".

Im Anhang dieses Buches sind alle Ausdrücke, die vorkommen, noch einmal stichwortartig und alphabetisch geordnet aufgelistet. Die Seitenzahl dahinter gibt an, wo das Wort erwähnt wird und demnach auch die Übersetzung bzw. Anwendung steht. Hört man z.B. den Ausdruck un tubo de película, findet man unter tubo und película die entsprechende Seite.

Ich habe mir zwar alle Mühe gegeben, doch dass dieses Buch vollständig ist, das will ich nicht behaupten. Aber es ist aktuell. Nur solche Ausdrücke habe ich aufgenommen, die heute gebräuchlich sind. Und dadurch unterscheidet sich dieses Bändchen sicherlich

Castellers, Cataluña

wohltuend von dicken wissenschaftlichen Slang-Wörterbüchern.

Aber ich möchte dieses Buch erweitern, und vor allen Dingen soll es aktuell bleiben. Dafür brauche ich Ihre Hilfe! Täglich entstehen neue Ausdrücke, andere werden altmodisch. Teilen Sie mir bitte weitere Redewendungen mit, die Sie auf Ihrer Reise hören. Schreiben Sie mir auch, wo (in welcher Region Spaniens) Sie diese gehört haben. Für verwertete Ergänzungen zeigt sich der Verlag mit einem Freiexemplar der nächsten Auflage erkenntlich. Sie erreichen mich über die Verlagsadresse.

Po Mu Fásil

Allgemeines zum Thema spanischer Slang

Was ist eigentlich unter spanischem Slang zu verstehen? Eine verbindliche Antwort kann ich hier nicht geben, streiten sich doch schon Generationen von Wissenschaftlern über das Thema. In jedem Fall sind mehrere Begriffe zu finden, die die Umgangssprache charakterisieren. Da ist die Rede vom español coloquial *(Umgangssprache)*, dem argot (ursprünglich mal die Gaunersprache, heute allgemeiner: Straßenslang) und dem cheli. Der letzte Begriff wird, wenn er denn in einem Wörterbuch überhaupt auftaucht, als „Sprache der Jugendlichen, speziell in Madrid" definiert.

Über all dem wacht eine altehrwürdige Instanz, die Real Academia Española (R.A.E.). Diese Akademie ist besetzt von meist in die Jahre gekommenen Literaten, die nun die spanische Sprache begutachten. Jedes Mitglied hat einen Platz inne, der mit einem Buchstaben des Alphabetes verbunden ist. Ab und zu liest man in der Zeitung, dass der „angesehene Schriftsteller XY den Platz des Buchstaben Z eingenommen hat, und nun über die Wörter, die mit Z beginnen, wacht". Die R.A.E. publiziert regelmäßig ein offizielles Wörterbuch, das als sprachliche Norm gilt, das Diccionario de la Real Academia Española (D.R.A.E.). Diese ehrwürdigen Herren sind gegenüber Neuerungen (wen wundert's?) na-türlich nicht sonderlich aufgeschlossen. So existieren unzählige Begriffe in der gesprochenen und geschriebenen Sprache, die von der R.A.E. nicht autorisiert sind.

Ein Beispiel: Der Ausdruck hacer la cosqui, auch von mir in diesem Büchlein vorgestellt, ist in dem wohl umfangreichsten Wörterbuch der spanischen Sprache, dem Diccionario de Uso del Español *(Wörterbuch zum Gebrauch der spanischen Sprache)* von María Moliner (zwei Bände, insgesamt 3000 Seiten, einsprachig) zu finden mit der Anmerkung: „no figura en el D.R.A.E." (nicht im D.R.A.E. aufgeführt). Das heißt, dass die Herren diesen Begriff, der längst im alltäglichen Sprachgebrauch verankert ist, schlicht ignorieren.

Im Jahre des Herrn 2001 war es mal wieder soweit: Die Real Academia bewegte sich doch! Sie veröffentlichte die 22. Auflage ihres Wörterbuches. Lange werden sie gerungen haben um Neuerungen, Slang-Wörter (ob sie die alle überhaupt noch selbst verstehen?) oder Anglizismen. Um ganz genau zu sein: Stolze neun Jahre, denn die 21. Auflage datiert von 1992. Aber nun ist es passiert, und man kann sich wieder zurücklehnen. Und so lassen sich jetzt auch Slang-Begriffe wie canuto, gilipollas oder porro (alle werden in diesem Büchlein erklärt) finden, aber auch entlehnte Wörter wie sandwich oder telefax.

Und so lesen wir mit nicht geringem Erstaunen die feinen Unterschiede, die die académicos herausgefunden haben: canuto wird als cigarillo de hachís o marihuana definiert, während ein porro als, man achte auf die Feinheiten, cigarillo de hachís o marihuana mezclado con tabaco erkärt wird. Wenn das kein Fortschritt ist!

Was die Unterscheidung der oben erwähnten Begriffe angeht, kann das grob in folgenden Kategorien geschehen: español coloquial ist die Umgangssprache, die wohl jeder Mensch benutzt, deren Begriffe nicht immer fein sind, die aber meist schon im D.R.A.E. aufgenommen sind.

Der argot entwickelte sich aus der Gaunersprache der Unterwelt und hat sich im Laufe der Zeit mit deftigen Ausdrücken und vor allem mit Begriffen aus dem caló, der Sprache der gitanos, angereichert.

Der Begriff cheli ist noch nicht so alt und beschreibt die Sprachwelt der jüngeren Menschen. Sie ist von caló-Ausdrücken, argot-Wörtern und vor allem von Ausdrücken aus dem Drogenmilieu durchsetzt. Darüber hinaus sind einige Wortneuschöpfungen entstanden.

Beispiele für Wortneuschöpfungen:

este cura *dieser Priester* ich

Priester (und damit die Religion) waren jahrhundertelang ein unantastbares Thema.Das hat sich nach dem Ende der Franco-Zeit drastisch geändert, so ist dieser Ausdruck auch als Protest zu verstehen.

menda lerenda	ich

menda steht in der 3. Person Einzahl und bedeutet ungefähr „meine Wenigkeit". Der Zusatz lerenda ist nur ein Wortspiel.

Über cheli gibt es mittlerweile einige wissenschaftliche Abhandlungen, aber das wird ganz schnell ziemlich kopflastig, deshalb genug der Theorie. Tatsache ist, dass der Spanienbesucher ständig mit Begriffen konfrontiert wird, die er nur selten im Wörterbuch findet und so gut wie nie in der Schule oder an der Uni lernt.

Regionale Aussprache

Nicht eben leichter wird es für einen sprachlichen Neuling, einen Südspanier aus Andalusien zu verstehen. Andalusier haben die Angewohnheit, bei vielen Wörtern die letzten Silben zu verschlucken, oder, speziell bei Wörtern in der Mehrzahl, die ja durch Anhängen eines 's' gebildet werden, dieses 's' nur zu hauchen, so dass es kaum zu hören ist. Dieses gehauchte 's' ist darüber hinaus auch mitten in einem Wort zu hören, anstelle eines 'c', 'z' oder 's'. Einige Beispiele:

un andalú
= ein Andalusier

hemo vito	*hemos visto*	wir haben gesehen
fásil	*fácil*	einfach
no esagere	*no exageres*	nun übertreib nicht
lo sapato	*los zapatos*	die Schuhe

Andalusier verschlucken beim Aussprechen meist das 's' und das 'r'

detrá	*detrás*	hinter
vamo hasé	*vamos a hacer*	wir werden machen
dejá	*dejar*	(es) lassen

... sprechen ein stimmhaftes 'z' anstelle des 's' ...

Eine andere Besonderheit ist ebenfalls in Andalusien zu hören. Speziell gitanos sprechen das 's' oft sehr hart aus, so dass es fast wie ein 'z' klingt. Beispiel:

Qué coza ma rara
Qué cosa más rara
Was für eine seltsame Sache

... und lassen das 'l' zum 'r' werden.

Eine letzte Auffälligkeit, die ebenfalls von den gitanos stammt:
Ein 'l' wird oft wie ein 'r' gesprochen. Beispiel:

mi arma ar zielo
mi alma al cielo
meine Seele zum Himmel

Eine Madrider Spezialität, die viele „Restspanier" nicht mögen:
Ein 'd' am Wortende wird wie ein englisches 'th' ausgesprochen. Beispiel:

la Ciudath Madrith
la ciudad Madrid
die Stadt Madrid

Damit erstmal genug, sonst verwirre ich Sie mehr als zu informieren. Zum Schluss möchte ich noch eine Warnung anmerken, die sich aus eigenem Erleben ergab. Benutzen Sie die genannten Slang-Begriffe nicht in Lateinamerika! Dort können sie eine völlig andere Bedeutung haben, die zu peinlichen, aber auch gefährlichen Situationen führen kann.

Folgendes passierte Susanne und mir während unser letzten Reise durch Mexiko: Wir kamen eines Abends in Mexiko-Stadt von einem anstrengenden Tagesausflug ins Hotel zurück. Wir holten den Schlüssel an der Rezeption vom Portier ab. Der fragte uns, wie der Ausflug war. Ich sagte, dass er prima war, wir aber jetzt hecho polvo seien. Er bewahrte nur mühsam die Beherrschung und grinste: „¿Cansados?“ *(Müde?)*. Wir nickten. Da war es endgültig aus, und er lachte laut los. Hecho polvo heißt in Spanien „todmüde, kaputt sein“. Was wir nicht wussten: In Lateinamerika bedeutet das auf die gleiche Art ausgesprochene echo polvo *(wörtl.: ich werfe Pulver aus)* „bumsen, vögeln“…

Ver- und Abkürzungen

In der spanischen Umgangssprache wird vieles respektlos abgekürzt. Manchmal entstehen dadurch Neuschöpfungen, oft kann man aber den Ursprung einer solchen Verballhornung noch erahnen. Sehr beliebt sind solche Abkürzungen bei Vornamen.

Chema	*José María*	**Pepe**	*José*
Marilú / Marisa	*María Luisa*	**Beto**	*Alberto*
Fede	*Federico*	**Quico / Kiko**	*Francisco*
Nacho	*Ignacio*	**Mamen**	*Carmen*
Gigi	*Miguel*	**Rafa**	*Rafael*
Paco	*Francisco*	**Maribel**	*María Isabel*
Lolo	*Manuel*	**Tere**	*Teresa*

Auch im Alltagsleben trifft man häufig auf Abkürzungen, wie:

la propi	*la propina*	Trinkgeld
la moto	*la motocicleta*	Motorrad
la foto	*la fotografía*	Foto
la bici	*la bicicleta*	Fahrrad
la poli	*la policía*	Polizei
la comi	*la comisaría*	Polizeiwache
la mani	*la manifestación*	Demo
el corto	*el cortometraje*	Kurzfilm
la mili	*la milicia*	Militär(dienst)
la peli	*la película*	Film

Weiterhin ist wichtig zu wissen, dass die Spanier meist recht schnell sprechen und sich im alltäglichen Sprachgebrauch Verschleifungen eingeschlichen haben. Dies drückt sich im Zusammenziehen von Wörtern oder ganzen Sätzen aus. Einige gängige Beispiele:

Mecagüen ...
Me cago en (la leche de tu madre)
Ich scheiße auf ...

Ma gutao.
Me ha gustado.
Es hat mir gefallen.

¡Ven pacá!
¡Ven para acá!
Komm her!

Nos na.
No es nada.
Das ist nichts, unwichtig.

¿Paqué?
¿Para qué?
Warum?

pal gato
para el gato
für die Katz'

pa na
para nada
für nichts

san comprao ...
se han comprado ...
sie haben sich ... gekauft

eso cas hecho
eso que has hecho
das, was du gemacht hast

¡Oche!
¡Oye!
Hör mal!

Po mu fásil.
Pues, es muy fáil.
Also, das ist kinderleicht.

Ahora que tío sa ío ...
Ahora que el tío se ha ido ...
Jetzt, wo dieser Typ abgehauen ist ...

Anglizismen

Besonders viele englische Begriffe aus dem Bereich der Technik sind mittlerweile hispanisiert worden, allerdings nicht alle: der Airbag wurde zu almohadilla hinchable oder bolsa de aire.

Gelegentlich hört man auch el airbag.

bodi (Body)	**camping** (sprich: *kamping*)
clínes (Papiertücher, Kleenex)	
fútbol (auch: **fúlbol**)	
hamburguesería	**klaxon** (Autohupe)
parking	**poster**
pub (*sprich: paf*)	**whiskería**
ticket	
zapear (zapping)	

Ein Trost (?): Was die Armada nicht geschafft hat, schafft die Sprache – langsam erobert Spanien doch noch die Britische Insel. Das Oxford Dictionary listet mittlerweile 1000 Wörter auf, die ihren Ursprung im castellano haben. Vielleicht ergibt sich ja daraus irgendwann eine Art castellaninglis.

Hacer Dedo

Unterwegs in Spanien

Früher waren die Züge in Spanien langsam – sehr langsam sogar. Heute rast man mit dem AVE, dem Tren de Alta Velocidad Española, einem der modernsten Hochgeschwindigkeitszüge Europas, von Madrid nach Sevilla in knapp zwei Stunden. Auch sonst fahren flotte Züge, der Talgo mit Neigetechnik beispielsweise seit den 1950er Jahren. In abgelegeneren Gebieten verkehrt vereinzelt noch ein Nahverkehrszug, der FEVE, der Ferrocarriles Españoles de Vía Estrecha. Da wären sie also noch, die guten alten langsamen Züge. In beinahe jedem Ort gibt es noch einen Busterminal, von dem aus sowohl kleinste Dörfer als auch die nächste Großstadt angesteuert werden.

Busbahnhof = estación de autobuses

Autofahrer werden ein Verkehrsschild nicht kennen: ein Dreieck mit der Inschrift: Ceda el paso *(Vorfahrt gewähren)*. Die Höchstgeschwindigkeit beträgt 90 km/h auf Nationalstraßen, 120 km/h auf Autobahnen. Für das Parken in Städten ist Folgendes zu beachten: Parkflächen sind durch blaue Linien markiert. Wer dort parken will, muss sich ein Ticket aus dem Automaten ziehen. Die Parkzeit sollte nicht überschritten werden, es wird laufend kontrolliert. Das Ticket wird gut sichtbar hinter der Windschutzscheibe platziert.

Parkplatz = aparcamiento

raca / tartana / cacharro	Kiste	
ir a pata	auf Schusters Rappen	
buga	Kutsche	
quemar caucho	Stoff geben; brettern	*wörtl.: Gummi verbrennen*
pisar fuerte	Gummi geben	*wörtl.: hart treten*
bugata	Auto *(von Bugatti)*	
escopeteado	Bleifuß fahren	
carro	Karre *(neutraler Ausdruck)*	*Karren*
grúa	Abschleppdienst	*wörtl.: Kran*
tubo	Metro	*Rohr*
hacer dedo	trampen	*den Finger machen*

Eselin	**burra**	lahme Kiste (Motorrad)
Spitze, Dorn Schirmmütze	**pica gorrilla**	Kontrolleur im Zug, Kontrolletti
per Schuhbus	**en zapatobús**	zu Fuß

Santiago de Compostela

Übrigens: Wenn Ihr Auto einmal so zugeparkt ist, dass Sie nicht wegfahren können, hilft nur eins: Solange gnadenlos auf die Hupe drücken, bis jemand aus der nächsten Bar gelaufen kommt und unter vielen perdón seinen Wagen wegfährt.

Für die Polizei gibt es die unterschiedlichsten Begriffe. Sie sollten jedoch verständlicherweise im Gespräch mit einem Polizisten niemals gebraucht werden.

La Guita

Kohle, Zaster, Knete

Die folgenden Begriffe stehen für Kohle, Zaster und Knete:

mosca	*Zaster (wörtl.: Fliege)*	
guita	*Moneten*	
parné	*das Weiße*	
pasta	*Teig*	
pastoja	*viel Teig*	
tela	*Stoff*	
pasta gansa	*Gänsepastete*	viel Geld
pela larga		viel Asche
estar seco tieso	*trocken, straff sein*	blank sein
estar sin blanca		pleite sein
zumbar / mendigar / pedir	*brummen betteln bitten*	schnorren

Auch in Spanien zahlt man natürlich in Euro: lerus = *Euro*

Beispiel:
Me ha costado 20 lerus.
Das hat mich 20 Euro gekostet.

Telefonieren

In Spanien meldet man sich am Teklefon nicht mit Namen, sondern mit sí oder dígame, was soviel wie „Sprechen Sie“ heißt.

Telefon- und Faxnummern sind neunstellig und beginnen immer mit einer 9, Handynummern fangen mit einer 6 an.

Der Wählvorgang für ein Auslandsgespräch ist folgender: Zuerst 00 wählen, danach die Ländervorwahl (für Deutschland: 49, für Österreich: 43, für die Schweiz: 41) und dann die Ortsvorwahlnummer ohne Null wählen.

Handy, Internet und Co.

Auch nach Spanien kamen die neuen Medien mit Wucht, kaum ein Spanier läuft noch ohne móvil *(Mobiltelefon)* herum. Aber damit wären wir auch schon bei einem wichtigen Unterschied. Während in der deutschen Sprache überwiegend die Begriffe aus dem Englischen übernommen wurden, verhalten sich die Spanier darin zögerlicher. Ein Computer wird zum ordenador *(Rechner)*, das Internet ist la red *(das Netz)*. Auch eine E-Mail drückt sich im Spanischen als das aus, was es im Wortsinn nun einmal ist, als „elektronische Post“: el correo electrónico. Sprachliche Entgleisungen à la „Die Zuschauer haben gevotet, der Winner heißt ...“ wird man in Spanien nicht finden. In der spanischen Sprache aber schon. Das muss erklärt werden.

Für Spanien und auch (große Teile von) Lateinamerika kann eine ziemliche Resistenz gegen die vorschnelle Übernahme von englischen Begriffen festgestellt werden, aber deutlich lockerer gehen die Millionen in Nordamerika lebenden Latinos damit um. Dort wurde sehr wohl eine Mischung aus beiden Sprachen kreiert, das „Espanglish“ oder „Spanglish“. Für ursprünglich englische Begriffe aus der EDV-Welt, die ins Spanische transferiert wurden, hat sich ein eigener Begriff etabliert: „ciberspanglish“.

Mehr zum Thema bei Kauderwelsch:

„Spanglish – das Spanisch der USA“ 978-3-89416-478-2

Was heißt das nun? Die Sprache der EDV-Welt ist nun mal Englisch. Wie also gehen die Spanier damit um? Einiges wird übersetzt, weniges übernommen. Konkret bei Verben: Der Wortstamm wird beibehalten, und dann einfach wie im Spanischen konjugiert. Ein paar Beispiele:

Aus „to print“ wurde **printear**
aus „delete“ wurde **deletear**
aus „to surf“ wurde **surfear**
aus „click“ wurde **clickear** oder **cliquear**
aus „to link“ wurde **linkear**

Diese Ausdrücke sind aber allesamt friquismos, *also eigentlich nur für Computer-„Freaks“.*

Einige richtige Slangbegriffe haben sich aber auch schon gebildet:

ordenata	Computer (*von* ordenador)
ordeñador (*ironisch*)	Computer (*von* ordenador) (*wörtlich: Melker, aber auch Wichser*)
emilio (*ironisch*)	E-Mail
dar un toque	eine SMS schicken
navegar por la red	durchs Netz navigieren = im Internet surfen
ladrillo	Ziegel = ein veraltetes, zumeist größeres und schweres Handy
grabar	eine iCD brennen
piratear	eine illegale Kopie ziehen

A Barullo

Einkaufen

Heutzutage gibt es auch in Spanien durchgehende Öffnungszeiten, horario contínuo. Auf dem Land kann das schon anders aussehen.

Doch generell lässt sich ein Trend hin zu „durchgehend geöffnet" beobachten – dies gilt auch für Banken, die in der Regel von 8 bis 15 Uhr öffnen

Wer in einem Kaufhaus weniger als 10 Artikel kauft, stellt sich bei der caja rápida, der schnellen Kasse an. Auch Selbstbedienungskassen sind mitterweile recht weit verbreitet (auto-caja oder caja de auto-servicio).

Die meisten Preise sind incl. Mehrwertsteuer. In manchen Hotels wird aber nur der (günstigere) Nettopreis genannt und recht klein hinzugefügt: „10 % I.V.A. no incluido", also die Mehrwertsteuer kommt noch auf den Preis drauf.

I.V.A. = impuesto sobre el valor añadido

Mittlerweile liegt die Mehrwertsteuer in Spanien bei 21 % auf die meisten Waren wie Tabak, Kosmetika und Hygieneartikel sowie Dienstleistungen; allerdings werden nur 10 % auf öffentliche Verkehrsmittel, Renovierung und nicht-elementare Lebensmittel erhoben. Mit nur 4 % werden elementare Lebensmittel wie Brot, Milch, Mehl, Eier, Kartoffeln, Käse, Müesli, Obst und Gemüse besteuert.

A Barullo

	mercar	auf dem Markt einkaufen
	quinar	kaufen
pillar = *plündern (wörtl.)*	**pillar**	klauen
	porrón	verdammt viel
	aforar	Wert abschätzen, taxieren
weich	**mollar**	toll, klasse, prima Qualität
Streifen	**la tira**	'ne Menge
	a barullo	im Überfluss
	calzar	tragen, anziehen, anschnallen
	tachines	Treter, Latschen
	bolsillo	Hosentasche
	harapos	Lumpen, Fetzen
	de marca blanca	No-Name-Produkt *„weiße Marke"*
	andar hecho un harapo	schlampig angezogen sein
	muy bien puesto / de muy bien ver	gut gekleidet / gut anzusehen
	fardar	protzen mit schicken Klamotten

menudo = *was für ein/e; winzig*

Menuda chaqueta se ha mercao el tío.
Der Typ hat sich vielleicht 'ne Kutte gekauft.
(sowohl ironisch als auch bewundernd)

vaya = *Subjunktiv von* ir

vaya chaqueta
dufte Kluft

nisupo = ni su puta madre lo conoce

de marca nisupo
von der Marke „nicht mal seine verdammte Hurenmutter kennt sie"
Kleidung und Schuhe von Billigmarken

Ponerse las Botas

Rund ums Essen

In Spanien wird ziemlich spät gegessen, mittags zwischen 14 und 15 Uhr, abends nie vor 20 Uhr, meist zwischen 21 und 22 Uhr. Wer zwischendurch etwas naschen will, findet immer eine Bar, wo man eine tapa, eine Kleinigkeit, oder einen bocadillo, eine Art belegtes Baguette, bekommt. Tapas gibt es in unzähligen Varianten, sie bestehen meist aus einem Stückchen Meterbrot, auf dem eine Olive, Sardelle, ein Ei, ein Stückchen Wurst oder, oder, oder ... aufgespießt ist.

Unter einer bar darf man sich keinen Nachtclub oder ähnliches vorstellen, sondern mehr eine Mischung aus Eckkneipe und Kaffeehaus. Die Einrichtung ist schlicht, die Gäste drängeln sich am Tresen. Sie halten sich meist nicht lange in einer Bar auf, so dass die wenigen Sitzplätze selten in Anspruch genommen werden.

Unter einer cafetería darf man sich wiederum kein stilvolles Kaffeehaus vorstellen, in dem Kellner Tabletts mit Kaffee und Cognac durch rauchgeschwängerte Luft balancieren. Eine Cafetería ist ein schlicht eingerichteter Laden mit endlos langem Tresen, wenigen Tischen und einem meist ununterbrochen laufenden Fernseher. Somit unterscheidet sie sich von einer Bar eigentlich nur durch andere Öffnungszeiten; eine Bar öffnet und schließt später.

Wichtig zu wissen ist, dass in beiden Lokalitäten jeweils unterschiedliche Preise existieren, die auf der Speisekarte unter barra *(Tresen)* und mesa *(Tisch)* verzeichnet sind. Die Preise für mesa sind höher, deshalb drängelt jedermann am Tresen.

Wer dort steht und etwas von den verlockenden Leckereien probieren möchte, die unter Glas zu sehen sind, bestelle einfach una tapa von dem Gewünschten. Wer eine größere Menge möchte, bestelle una ración, dann bekommt man einen größeren Teller vorgesetzt.

Sich einfach an einen Tisch zu einem anderen Gast zu setzen; wäre unhöflich; meist regelt der Kellner das Problem. Getrennte Rechnungen sind unüblich, einer bezahlt für alle, und jeder gibt so viel hinzu, wie er meint, verzehrt zu haben.

Wer seine Mahlzeit preiswert gestalten will, der bestellt menú del día, das Tagesgericht, oder plato del día, den Tagesteller. In den ursprünglichen bares und tascas bekommt der Gast zu seinem Bier oder vino immer eine tapa kostenlos dazugestellt. Auf diese Weise kann man sich auch durchfuttern. Diese gute alte Sitte stammt aus der Zeit, als die Wirte dem Gast einen kleinen Teller auf das Bier- oder Weinglas stellten, damit keine Fliegen hineinfallen konnten. Freundliche Wirte legten schon mal eine Olive oder Sardelle auf diese Teller. So entstand recht schnell die Sitte, dass dem Gast grundsätzlich eine Kleinigkeit, aperitivo oder tapa genannt, zum Bier oder Wein dazugestellt wurde.

Die folgenden Ausdrücke werden rund ums Essen verwendet:

chascar	mampfen	*wörtl.: mit der Zunge schnalzen*
manducar	futtern	
jalar	verschlingen	
papear	futtern	
jamar	verdrücken	
zampar	schlingen	
engullir	fressen	
ponerse morao	sich vollschlagen	
gasusa / gazusa	Hunger	
vomitivo / repugnante	widerlich, mies	
ponerse como un quico	reichlich futtern und trinken	quico *von* Francisco
ponerse las botas	bis zum Überfluss	*wörtl.: die Stiefel anziehen*
llenarse la barriga / la panza	sichden Bauch / den Wanst vollschlagen	
tener el estómago en los pies	der Magen hängt in den Kniekehlen	

Essbares

bikini	bocadillo mit Käse und Kochschinken	
flauta	extra großer bocadillo	*Flöte*
pepito	bocadillo mit Fleisch	
montao	bocadillo mit Schinken oder Lendenstück vom Rind oder Schwein	

	lomo	Lendenstück vom Rind oder Schwein
wörtl.: Geige	**violín**	bocadillo, extrem lang
	bocata	Verballhornung von bocadillo
	cacahuetes	Erdnüsse
	gallinejas	Hühnerkaldaunen
	panchitos	salzige Erdnüsse, bekommt man oft in Bars als tapa
	choquitos / chopitos	kleine, fritierte Tintenfische
pincho = *Stachel*	**pincho de tortilla**	ein Stückchen tortilla
	tapear	durch tascas und bares ziehen und überall eine tapa verzehren

Und so bestellen Sie das Gewünschte:

¡Una de champis!
Eine Tapa frittierter Champignons!

¡Que aproveche!
Guten Appetit!

¡La dolorosa, por favor!
Die Schmerzhafte, bitte!

Die Rechnung nennt man im Spaß:
la dolorosa.

Antwort des Kellners:

¡No, no duele para nada!
Nein, die tut überhaupt nicht weh!

Estar en Vela

Durch Bars, Tascas & Tabernas

Das Durch-die-Kneipen-Ziehen ist fast ein spanischer Volkssport, genannt chateo *(ein kleines Gläschen – meist Wein – trinken)* oder auch tapeo *(ein paar Tapas naschen)*. Sie ziehen durch die Läden, trinken überall ein schnelles Gläschen, und weiter geht's. Ir de tapas inkludiert normalerweise sowieso einen chateo. Chato bedeutet „Gläschen“- davon abgeleitet chateo.

Am frühen Abend, kurz vor dem Essen, ist die ganze Familie unterwegs. Die Mütter flanieren mit den älteren Töchtern über die Haupteinkaufsstraßen, während die Väter und die älteren Söhne in ihren jeweiligen Bars den neusten Fußballklatsch austauschen. Nach dem Essen geht es dann richtig los, oft genug bis in den nächsten Morgen hinein. Ein Spanier zieht sehr selten alleine los, eine Spanierin niemals. Das nennt man denn auch konsequent copeo, auf ein paar copas *(Gläser mit härteren Drinks)* ausgehen.

cuchitril	Absteige, mieses Hotel
cerillero	Verkäufer von Tabak und einzelnen (!) Zigaretten in Bars
pipera	Verkäuferin von pipas u. ä. in den Bars
echar una canita al aire	auf die Pauke hauen / die Freundin betrügen

wörtl.: Schweinestall

pipas = *Sonnenblumenkerne*

wörtl.: Wir nehmen uns ein paar Glasscherben!
¡Nos tomamos unos vidrios!
Lasst uns einen Trinken gehen!

mit zwei Bieren schwanken
vacilar con dos birras
zwei bis drei Bierchen zischen

¡Estuve de juerga!
Ich habe einen draufgemacht!

in der Nachtwache sein, nicht schlafen können
estar en vela
die Nacht durchmachen

¡Nos hemos pasado la noche de rule!
Wir haben einen Zug durch die Gemeinde gemacht!

darse un bureo
einen draufmachen

en Kreuzweg machen
hacer el viacrucis
mit Freunden durch die Bars ziehen

echarse unos pelotazos / lingotazos
einige Drinks einwerfen

pasar la noche en blanco
durchmachen

jemandem die Füßchen auf die Straße setzen
poner a alguien las patitas en la calle / poner de patitas en la calle
rausgeschmissen werden

marcharse a la francesa
abhauen, verduften
auf die französische Art weggehen

hacer mutis por el foro
abhauen, abgehen, weggehen
vor dem Publikum schweigen

menear el esqueleto
einen abrocken, tanzen
das Skelett schütteln

Aquí hay cuatro gatos.
Hier ist tote Hose, nichts los.
hier sind vier Katzen

a tope
proppenvoll

¡Aquí hay una movida chunga!
Hier ist es beschissen!

¡Aquí hay mucha marcha!
Hier geht's richtig ab!

¡Es un sitio guay!
Das ist 'n prima Laden!

¡Es un sitio de puta madre!
Das ist ein hammergeiler Laden!

estar en vela

Rund ums Trinken

(Ausdruck aus Madrid)	**lozoya**	Glas Wasser
	uno con leche	Kaffee mit Milch
	un cortado	Kaffee mit etwas Milch
	un solo	schwarzer Kaffee
	carajillo	Kaffee mit Schuss, meist Cognac
wörtl.: Schotte	**escocés**	Mischung aus Kaffee und Whisky
Ire	**irlandés**	Kaffee mit Whisky und Sahne
	birra	Bier
Lichtung	**clara**	Glas Bier mit Zitronen-limonade
Kurzer / Gläschen	**corto / zurito**	kleines Glas Bier oder Wein
Halm	**caña**	Glas Bier
	jarra	Krug Bier
Fünftel	**quinto**	Fläschchen Bier
	botellín	Fläschchen Bier
	litrona	Einliterflasche Bier
von cuba libre	**cubata**	eigentlich Cola mit Rum, aber auch andere Mixgetränke werden so bezeichnet. Beispiel: una cubata de ginebra *(mit Gin und Tonic)*
flaches Weinglas	**chato**	Glas Wein
Kleiner	**chiquito**	kleines Glas Wein
	mollate	Rotwein
	calimocho	Mischung aus Cola und Wein
Schraubenzieher	**destornillador**	Mischung aus Wodka und Orangensaft
	raf	Coca Cola mit Gin
freie Rioja (Weinregion)	**rioja libre**	Coca Cola mit Rotwein

sol y sombra	Mischung aus Anis und Cognac	*Sonne und Schatten*
copichuela	Glas	
chispazo	ein Schlückchen	*Funkenflug*
la penúltima copa	das vorletzte Glas, auf das noch eine ganze Reihe folgen kann	
soplar	schlucken	*wegblasen*
privar	zechen	*wegnehmen*
trincar	saufen	*trinken*
pimplar	zechen	
chatear	mit Freunden chatos trinken *(Madrid)*	chatos = *kleine Gläschen Wein*
achisparse	sich einen antrinken	
empinar el codo	regelmäßig zechen	*Ellenbogen aufstellen*
estar tararí	beschwipst sein	
coger una chispa	beschwipst sein	*den Funken fassen*
agarrarla	besoffen sein	*sie packen*
estar peneque	betrunken, bezecht sein	
engancharla	hängenbleiben	
mórdaga	Rausch	
cogorza	Rausch	
trompa	Rausch	*Brummkreisel*
pítima	Suff	
melopea	Besäufnis	
tener un melocotón	besoffen sein	*einen Pfirsich haben*
estar ciego	besoffen sein	*blind sein*
tener una merluza	besoffen sein	*einen Seehecht haben*
coger un pedo / pedal	besoffen sein	*sich einen Rausch / ein Pedal einfangen*
borrachera	Gelage	
francachela	Zechgelage	
juerga	Sauferei, Zechtour	

großes Weinfass	**fudre**	Besäufnis
Heulsuse, „trinken um zu vergessen“	**llorona**	tristes Besäufnis

... und die Folgen

	echar la pota	kotzen
wörtl.: Brandung	**resaca**	Kater
Schläfrigkeit	**modorra**	Katzenjammer
der Kopf wurde zur Bombe	**la cabeza hecha una bomba**	dicker Kopf
	Estoy zumbado.	Mir ist schwindelig
die peseta *wechseln*	**cambiar la peseta**	kotzen
	le entran bascas	ihm ist übel
	Tengo ganas de potar.	Mir ist zum Kotzen.
die Pillen auswerfen	**echar la pastilla**	göbeln
	vomitar	brechen, sich übergeben
abwerfen / kotzen	**arrojar / vomitar**	reihern

Klo & so

Wer die Toilette sucht, fragt: ¿Dónde está el baño? oder auch: ¿Por dónde están los servicios?. Hat man sie schließlich gefunden, liest man an der Herrentoilette entweder die Aufschrift hombres *(Männer)* oder vornehmer caballeros *(Ritter oder Edelmänner)*, während an der Tür zu den Damentoiletten einfach señoras *(Damen)* prangt.

Wer seinen Freunden mitteilen will, dass er / sie mal eben verschwinden muss, sagt: Me voy al baño („Ich gehe zum Bad", was in Spanien aber auch Klo bedeutet) oder Voy a mear *(Ich gehe pinkeln)*.

mear	pinkeln	
hacer pipi	Pipi machen	
plantar la estaca	kacken	*den Pfahl pflanzen*
jiñar	scheißen	
caca	Scheiße	
flujo de vientre	flotter Otto	*Ausfluss des Bauches*
seguidillas	Durchmarsch, Dünnschiss	*spanischer Tanz im 3/4 Takt*
flojeras	Dünnschiss	
pedo	Pups	
cuesco	lauter Furz	*Kern*
peer	furzen	
largar pedos	pupsen	
Se me cayó un pedo.	Ich habe gepupst.	*Mir ist ein Furz rausgefallen.*

noch farbigere Ausdrücke fürs Pupsen
cambiar el agua a las aceitunas
Wasser tauschen an den Oliven
cambiar el agua a las olivas
Wasser tauschen an den Oliven
cambiar el agua a las castañas
Wasser tauschen an den Kastanien
cambiar el agua al canario
Dem Kanarienvogel / Pimmel das Wasser tauschen

canario = *Kanarienvogel / Pimmel*

Roca *ist Spaniens größter Hersteller von Toilettenkeramiken*

Señor Roca / Doctor Roca
Herr Roca / Dr. Roca
WC

tigre
Tiger
Kloschüssel

Tengo una cita con el doctor Roca.
Ich habe einen Termin bei Dr. Roca.
Ich muss mal.

Yerba & Flora

Drogen

Spanien hat neben Holland die liberalsten Drogengesetze Europas. Es ist praktisch unmöglich nicht wahrzunehmen, dass in vielen Lokalen der Joint kreist, bzw. man in allen größeren Städten an den zentralen Plätzen angesprochen wird. Damit Sie hier ein wenig den Überblick bekommen, was man Ihnen jeweils andrehen will, nenne ich ein paar Beispiele der geläufigsten Begriffe.

Zigarette		Anmerkung
chilindrín	Fluppe	*Zylinderchen*
pito	Kippe	*Trillerpfeife*
plajo, pijo	Fluppe, Zichte	*auch: kleiner Penis*

Der Zug aus einer Zigarette oder Joint wird calada oder caladita genannt.

Trotz aller Neugier, seien Sie sehr vorsichtig mit einem camello *(Dealer)*, der oft selbst abhängig ist.

Drogen allgemein		Anmerkung
flora	*Pflanze*	
manteca	*Schmalz*	
caca	*Scheiße*	*Haschisch*

„Tierische" Entzugserscheinungen		Anmerkung
mono	*Affe*	
pava	*Truthahn*	
estar con el mono	*beim Affen sein*	
tener el mono	*den Affen haben*	*unbedingt brauchen*

Joint		Anmerkung
porro	*Tölpel*	
cachorro	*junger Hund / Welpe*	
canuto	*Röhre*	
varillo	*Stäbchen*	
flai	*von engl.* to fly	
yoi	*von* joint	
yerba / hierba	*Gras*	
rama	*Zweig*	
maría	*von* Marihuana	*der Stoff, nicht der Joint!*

Tausend und ein Begriff mehr für Haschisch: chocolate, costo, magra. Marihuana wird tila *(Linde)* genannt; die, die es rauchen: grifota.

LSD	
ajo	*Knoblauch*
lenteja	*Linsen*
estrellita	*Sternchen*

Das Härteste: perico = *Heroin*

auf dem Trip sein	
estar puesto	*gedeckt sein*
estar colgado	*angehängt sein*
estar enrollado	*eingerollt sein*
estar tirado	*langgezogen sein*
estar pillado	*geplündert sein*

(auch: „ein sexuelles Verhältnis mit jemandem haben")

Gestik & Mimik

Die Spanier kommunizieren sehr lebhaft, reden quasi mit Händen und Füßen. Gesten gehören bei ihnen weit mehr zur Unterhaltung dazu als bei uns. Daher ist es unumgänglich, die wichtigsten Zeichen zu kennen (und womöglich zu vermeiden).

Dazu gehören deutlich ausgeprägtere Handbewegungen, Gesten und eine andere Körpersprache. Hier ein paar Hinweise: Wer Leute beobachtet, die tief versunken in ein lebhaftes Gespräch durch die Straßen schlendern, wird schnell eine typische Haltung erkennen. Beide gehen sehr dicht zusammen, berichten einander ausführlich, beleuchten eine Sache von mehreren Seiten. Unterstrichen wird die jeweilige Aussage durch heftige Bewegungen des Armes und der Hände; jeder Satz, jedes Wort wird regelrecht unterstrichen. Bei ganz besonders wichtigen Argumenten bremst der Sprecher sein Gegenüber, fasst ihn am Arm, stoppt ihn, dreht ihn förmlich zu sich, hält ihn fest und sagt mit dem ganzen Gewicht seiner Persönlichkeit was er zu sagen hat. Der andere soll doch bitte der Argumentation folgen, das Ganze wird mit deutlichen Armbewegungen untermalt, die Hand wandert auf und ab, markiert jedes Wort. Etwa nach jedem dritten Satz wird ein ¿Entiendes? *(Verstehst du?)* rhetorisch angehängt. Schließlich gibt er sein Gegenüber frei, nicht bevor er nach mehreren endlosen Pausen immer noch ein gewichtiges Argument nachgeliefert hat. So spazieren sie endlos langsam, stoppen alle paar Meter und reden aufeinander ein.

Nicht umsonst gibt es in einigen Autobussen noch die Hinweisschilder, dass man während der Fahrt nicht mit dem Fahrer reden soll, porque necesita las manos para conducir *(weil er die Hände zum Fahren braucht)*. Erkennt ein Angesprochener die Richtigkeit einer Aussage, oder bemerkt er urplötzlich einen neuen Sachverhalt, schlägt er sich mit der flachen Hand an die Stirn. Das bedeutet: „Mensch, ja klar, hast recht, so ist es“.

Der Schlag mit der flachen Hand auf die Stirn ist nicht mit dem deutschen: „Du bist ja bekloppt“ zu verwechseln!

Winkt ein Spanier jemanden heran, glaubt ein Nordeuropäer oft, dass er wegbleiben soll. Das basiert auf einem Missverständnis. Die Spanier winken anders. Die Hand wird so gedreht, dass der Handrücken nach oben zeigt, die Finger nach unten. Nun wird die Hand ein paar mal heftig zum Körper geschlagen, das sieht in etwa so aus, wie eine abwehrende Geste bei uns, die sagen soll: „Bleib mir vom Leib!" Gemeint ist aber: „Komm her!"

Eine Geste können Sie ständig beobachten: den Handkorb. Die Finger einer Hand sind leicht gekrümmt, zeigen nach oben und werden leicht gegeneinander gestoßen. Das bedeutet nichts anderes als: viel.

Ein interessantes Detail kann auch beim Zählen mit den Händen beobachtet werden. Wie zählt ein Deutscher? Er zählt: „eins, zwei, drei, vier, fünf" und streckt bei jeder genannten Zahl einen Finger hoch, beginnend mit dem Daumen, der kleine Finger ist der letzte, stimmt's? Wie zählt der Spanier? „Uno, dos, tres, quatro", und bei jeder Zahl berührt er mit dem

Daumen einen Finger, beginnend mit dem kleinen Finger, bis er bei „vier“ den Zeigefinger erreicht. Dann sagt er „cinco“ und schlägt leicht mit dem Zeigefinger gegen den Daumen.
Zum Beispiel wird auf die Frage: „War gestern was los in der Disko?“ geantwortet: ¡Así! *(= so!)* und der Handkorb gezeigt. Das bedeutet dann: „Proppevoll!“. Die Geste lässt sich auf alle möglichen Situationen übertragen, sei es, dass es sich um Geld, Autoverkehr, überlaufene Strände oder einen Kneipenbesuch handelt.

Vorsicht vor der cornudo-Geste: Zeigefinger und kleiner Finger sind ausgestreckt, Mittel- und Ringfinger dabei gekrümmt. Diese Geste zeigt dem Gegenüber, dass er ein gehörnter Ehemann ist, dass seine Frau fremdgeht. Das ist eine heftige Beleidigung.

Eine andere Beleidigung ist das leichte Drehen des Zeigefingers an der Wange. Somit deuten Sie an, dass Sie den anderen für schwul halten. Da ein echter Macho dies nie zugeben würde, ist eine handfeste Reaktion gewiss.

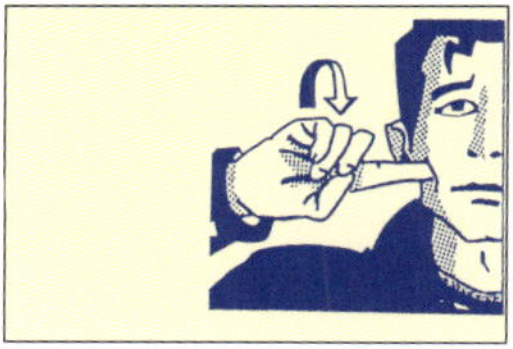

Der Unterarmschlag bedeutet in Spanien Kraft und Potenz, wird also genau wie bei uns gebraucht. Das Zeichen ist eine eindeutig aggressive Geste, deshalb Vorsicht im Gebrauch.

Wer sich mit der Hand leicht auf die Wange schlägt, will damit seinem Gesprächspartner sagen:

¡Tienes mucha cara!
Du hast viel Gesicht
Du bist ganz schön unverschämt!

Yo Paso de Todo

Die lockere Sprache des Alltags

Hier jetzt eine Sammlung allgemeiner, lockerer Ausdrücke mit dem Versuch, sie zu sortieren. Überschneidungen ließen sich aber nicht vermeiden.

Begrüßen

Von den üblichen Begrüßungsformeln gibt es zahllose Abweichungen.

¡Hola, buenas! statt:
¡Buenas tardes!
Guten Abend!

¡Hola, muy buenas!	Guten Abend!	
¡Buen día!	Guten Tag!	*statt:* ¡Buenos días!
¡Hola, macho!	Hey, Kumpel!	*wörtl.: He, Männchen!*
¡Hola, pichi!	Hey, Alter!	
¿Qué tal?	Wie geht's?	
¿Qué me cuentas?	Was erzählst du mir (Neues)?	
¿Qué va?	Was gibt's?	
¿Qué hay?	Was ist los?	
¿Cómo va?	Wie läuft's?	
¿Qué pasa, colega / titi?	Was gibt's, Kumpel / Alter?	
¿Qué hay tú, tururú?	Was ist los, Mensch?	
¿Qué estás haciendo?	Was machst'n gerade?	
Calderos.	Rumhängen.	*Kessel*
¡Ven pa acá, chalao / chaval!	Komm her, Alter / Kumpel!	
¡Aquí, mi hermano!	Hier, mein Bruder!	*So wird man jemandem vorgestellt.*

Verabschieden

Auch hier wieder eine reiche Auswahl:

¡Hasta lueguito!	Bis neulich!	
¡'ta logo!	Bis bald!	
¡Chao!	Tschüss!	
¡Venga! Nos vemos	Kommen Sie ! Wir sehen uns.	
¡Chaocito hijito!	Tschüsschen, Söhnchen!	
¡Que te vaya muy bien!	Lass es dir gut gehen!	
¡Hasta la siega del pepino!	Auf Nimmer-wiedersehen!	*Bis zur Gurkenernte*

Karneval auf Teneriffa

Halt die Klappe!

Die hier genannten Ausdrücke klingen teilweise sehr drastisch, sind meist aber gar nicht so heftig gemeint und fließen ständig, quasi als Floskeln, in die Unterhaltung ein.

wörtl.:Schmeiß dich vom Motorrad!	**¡Tírate de la moto!**	Red keinen Mist!
	¡Amos anda!	Komm, hör auf!
	¡Amos, no tires pegotes!	Lass stecken! / Übertreib nicht!
Kein Fußball und kein totes Kind!	**¡Ni fútbol ni que niño muerto!**	Vom Fussball will ich nichts mehr hören!
Nicht von der Perücke reden!	**¡Ni hablar del peluquín!**	Das kommt überhaupt nicht in Frage!
Fick mich nicht!	**¡No me jodas!**	Erzähl mir keinen Scheiß!
Fick dich nicht!	**¡No te jodas!**	Spinn' nicht rum!
	¡No digas chorradas!	Red' keinen Scheiß!

¡Qué rollo!	Was für eine langweilige Geschichte!	*Was für eine Rolle!*
¡Calla la boca!	Halt den Mund!	
¡Tú, tranquilo!	Du bist still!	
¡Tranqui tronco!	Bleib ruhig, Kumpel!	
¡Mutis!	Ruhe im Saal!	
¡Corta el rollo, tío!	Sei ruhig, Alter!	*Kürz die Rolle, Onkel*
¡Achanta!	Klappe! / Sei ruhig!	
¡Cremallera! / ¡Cállate!	Halt die Klappe!	*Reißverschluss*
¡Chanta el bistec!	Halt die Klappe!	*Verschling das Beefsteak!*
¡Echa el cierre!	Halt den Mund!	*Wirf den Verschluss!*
¿Tastotoque?	Biste blöde, oder was?	*von:* ¿Estás tonto, o qué?

Hau ab!

¡Aligera!	Hau ab!
¡Descapulla!	Lass mich in Ruhe!
¡Vete al diablo!	Scher dich zum Teufel!

Verpiss dich!	
¡Vete a tomar por culo!	
¡Vete a la mierda!	*mierda* = Scheiße
¡Vete al carajo!	*carajo* = Penis
¡Vete a la porra!	*porra* = Knüppel
¡Vete a hacer gárgaras!	*hacer gárgaras* = gurgeln
¡Vete a freír monas!	
Geh Äffinnen braten!	
Scher dich zum Teufel! / Verpiss dich!	

¡Haz una bandera!
Mach eine Flagge!
Schieb ab!

¡Amos vete al Congo!
Geh in den Kongo!
Zieh Leine!

¡No me jeringues!
Spritz es mir nicht ein!
Lass mich in Ruhe!

¡No me jodas!
Fick mich nicht!
Erzähl mir kein' Scheiß!

abhauen

den Hintern verlieren	**perder el culo**	Hals über Kopf abhauen
	ir por la ventola	verduften, verschwinden
	najar	laufen, rennen
	ahuecar	abhauen
erleichtern	**aligerar**	weglaufen
	darse el zuri	flüchten, verduften
	¡Me las piro!	Ich verdufte!

Ärger machen / haben

Me quedo colgao.	Man hat mich hängen gelassen.	*Ich bleibe hängen.*
¡Me estoy cabreando!	Das wurmt mich!	
hacerle polvo a uno / hacerle la cosqui / hacerle la puñeta	jemanden ärgern, nerven	*jmdn. zu Pulver machen* *jmdn. schädigen* *jmdn. wichsen*
darle leña a alguien	jemanden durch-prügeln	*jmdm. Brennholz geben*
¡Te doy una hostia!	Ich knall dir eine!	*Ich geb dir eine Hostie!*
¿Atiquitipasa?	Geht's dir nicht gut?/ Willste Ärger?	*von:* A ti, ¿qué te pasa?
Te han liao.	Die haben dich gelinkt.	
tragar bilis	den Ärger hinunter-schlucken	*Galle schlucken*
hinchar / jorobar	anmachen, belästigen	*aufblasen* *belästigen*
achantar	jmdn. einschüchtern	
acoquinarse	sich einschüchtern lassen	
echar un trepe	jemanden zusammen-scheißen	
dar una leche	jmdm. eine reinhauen	*Milch geben*
echarle la bronca a alguien	jmdm. Ärger machen	
chinchar / chingar	belästigen	
endiñar a uno	jemanden bescheißen	
encabritarse	sich ärgern	*aufbäumen*
encabronarse	wütend werden	
incordiar	ärgern, nerven	
merengar	auf die Nerven gehen	

zerdrücken	**chafar**	verderben, den Spaß verderben
	cabreo	Wut, Zorn
	leñazo	Kloppe, Prügel
grau werden	**canear**	schlagen
	puñetería	beschissene Situation
	putada	miese, linke Aktion
lauern	**aciguatar**	festnehmen, jdn. schnappen
festmachen	**trincar**	festnehmen
Welche Rolle!	**¡Qué rollo!**	Was für ein Mist!
jmdm. die Kastanien geben	**dar la castaña a alguien**	jemanden prellen

Militär

Militär machen	**hacer la mili**	Militärdienst ableisten
Khaki anziehen	**mercar el caqui**	Militärdienst ableisten

Die Wehrpflicht wurde mittlerweile in Spanien abgeschafft. Die Begriffe sind daher für diejenigen, die erklären wollen, dass sie in ihrem Heimatland gerade den Militärdienst ableisten müssen.

Begreifen & Verstehen

Gerade bei den Slangbegriffen kann es vorkommen, dass Sie nichts verstehen und dem Gegenüber sagen müssen, dass er einen Ausdruck erklären soll:

¡Acláramelo! – Verklicker es mir!

aclarar	verklickern	*aufklären*
chanar	verstehen	
enterarse	begreifen	*sich überzeugen*
diquelar	kapieren, spannen	
comer el coco	überreden, überzeugen *(auf nervige Weise)*	*die Kokosnuss essen, auch: grübeln*
¡Imagínate!	Stell dir mal vor!	
coscarse	wahrnehmen	

NPI von **ni puta idea:**
No tengo ni
– puñetera idea. /
– puta idea. /
– zorra idea.

Ich habe absolut keine Ahnung. / Ich habe nicht den leisesten Schimmer.

Erstaunt sein

estar mosca	argwöhnen	*Fliege sein*
olerse la tostada	argwöhnen	*den Toast riechen*
¡Fíjate!	Stell dir vor!	
¡No me digas!	Sag bloß!	
¡Mírale!	Sieh an!	
¡Menos mal!	Glück gehabt! / Zum Glück! / Wenigstens etwas!	*weniger schlecht*
estar chafado	vor Überraschung sprachlos sein	*den Mund gestopft haben*
aturrullarse	in Verwirrung geraten	
¡Tiene cojones la cosa!	Das ist aber ein dickes Ei!	*die Sache hat Eier*
perder los papeles	die Fassung verlieren	*die Papiere verlieren*

Zustimmen

wörtl.: ist Gemüse,	**¡Legal!**	Das ist wahr!
von: es verdad	**¡Es verdura!**	Das stimmt!
	¡Claro que sí!	Na logisch
Das ja!	**¡Eso sí!**	Das schon!
	¡Vale!	In Ordnung, O.K.!
Das sage ich!	**¡Eso digo yo!**	Das ist auch meine Meinung!
	¡Équili! / Equilicá!	Ausruf der Zustimmung
	Mandacojones.	Na gut, okay, machen wir.
	¡Esto me mola!	Find ich gut! / Das gefällt mir!
	Ademís que sí	Ja, genau!

Ablehnen

	¡De eso nada!	Davon will ich nichts hören / sehen!
	¡Qué va!	Hör auf! / Lass stecken!
	¡Ca!	Ausruf der Ablehnung
Nasen	**¡Narices!**	Von wegen! / Nicht mal im Traum!
	Esto me trae frito.	Das ist mir lästig.
Das klingelt nicht bei mir.	**Eso no me hace tilín.**	Das macht mich nicht an.
Das ergreift mich nicht vor Überraschung.	**¡Eso no me pilla de sorpresa!**	Das lässt mich kalt!
	¡Napias!	Denkste!
	¡Ni hablar!	Kommt gar nicht in Frage!
	¡Leche!	Donnerwetter!
Milch	**¡Me fastidia!**	Das kotzt mich an!
Das ekelt mich an!	**¡Me joroba!**	Das stinkt mir!

Spanisch	Deutsch	Anmerkung
¡Qué bárbaro!	Ungeheuerlich!	*Das belästigt mich! Wie barbarisch!*
¡Esto es una chorrada!	Das ist Blödsinn!	
¡Pa chasco!	Das fehlt noch!	
¡Nasti! / ¡Nastiplasti!	Nein! / Kommt nicht in die Tüte!	
¡A tomar por culo!	Für'n Arsch!	
¡De esto nasti! / ... nastiplasti!	Nix da! / Auf keinen Fall!	
¡No me va!	Das passt mir nicht!	
¡Pal gato!	Für die Katz'!	
¡Ni carajo!	Im Leben nicht!	
¡A mi plin!	Das interessiert mich nicht!	
¡No me importa ni un pepino!	Das interessiert mich nicht die Bohne!	pepino = *Gurke*
¡No me importa ni un rábano!	Das ist mir schnuppe!	rábano = *Rettich*
¡Ya decía yo!	Ich dachte es mir doch!	*wörtl.: sagte ich schon*
¡No me toques los cojones!	Leck mich am Arsch! / Geh mir nicht auf'n Sack!	*Berühr meine Eier nicht!*
¡Naranjas de la China!	Eine unmögliche Sache!	*Orangen aus China*
¡Y luego me la chupa!	Und nachher bin ich der Dumme!	*Und hinterher leckt sie ihn mir (den Schwanz)*
¡Por los cojones!	Für 'n Arsch!	cojones = *Eier, Hoden*
¡Naturaca!	Natürlich! *(ironisch)*	*von* naturalmente

egal

¡Da igual!
Ist egal!

¡Qué más da!
Was soll's!

¡Yo, qué sé!
Was weiß ich!

¡Qué sé yo!
Was weiß ich!

¡Da lo mismo!
Ist das gleiche!

Yo paso de todo.
Ist mir scheißegal!

¡Me la sudo!
Es schwitzt sich mir aus.
Ist mir scheißegal!

Va de perilla.
Es läuft wie am Schnürchen.

Glück & Pech

tener chorra
Glück haben

de chiripa
zufällig

¡Tenerla lisa!
Schwein gehabt!

chamba / potra
Zufallstreffer

tener potra
ein Glückskind sein

gafar
Unglück bringen

esbalar
ausrutschen
in die Kacke fassen / ins Klo greifen

cenizo
Asche
Pechvogel

escoñar
verpatzen, vermasseln, in die Hose gehen

Me han dado una vara.
Man hat mir eine Rute gegeben.
Man hat mir 'ne Lektion erteilt.

Le han birlao.
Man hat ihn betrogen, um ihn zu bestehlen.

meter la pata
ins Fettnäpfchen treten

columpiarse
sich schaukeln
Mist bauen

cola dura
harte Reihe
Blamage, Reinfall

escaquearse
die Nüsse schaukeln, Unangenehmes vermeiden

Quasseln & Brabbeln

dar a la lengua
der Zunge geben
tratschen

echar una parrafada
ein Schwätzchen machen
quasseln

cotillear / cacarear
klatschen / gackern

cotorrear
schnattern

mascullar
murmeln

charrar / largar / desembuchar
ausplappern / ausplacken / ausplaudern

chisme
Gequassel

contar un chisme
quasseln

escupir
ausspucken
ausposaunen

rajar
spalten
motzen

palique / palicoso
Quasselstrippe

delirar
spinnen
(wörtl.: fiebern)

vacilar
prahlen

wörtl.	Spanisch	Deutsch
wörtl.: phantasieren	**fantasmear**	auf die Kacke hauen
	puchar	labern
Mäuler	**bocazas**	Quasselstrippe
blöken	**berrearse**	quengeln
	chivato	Petzer, Spitzel
ihm auf die Zunge geben	**darle a la lengua**	ständig und viel quatschen
zum Papagei	**¡al loro!**	Alle mal herhören!
schwatzen	**chacharear**	sabbeln
	largar una barbaridad	mit einer Dummheit herausplatzen
das Haar nehmen	**tomar el pelo**	verarschen
die Perücke nehmen	**tomar la cabellera**	veräppeln
	chamullar / mascullar	unverständlich brabbeln, radebrechen
	¡Me lo vas a decir a mí!	Mir brauchst du das nicht zu sagen!
	¡Te lo diré!	Das sag ich dir!

Klauen

birlar *kann auch: „jemanden um etwas prellen" bedeuten.*

Spanisch	wörtl.	Deutsch
arramblar	*anschwemmen*	stibitzen
mangar		mopsen
birlar		wegschnappen
nicabar	*trennen*	klauen
choricear		klauen
randar		stehlen
churimangar		klauen
hurtar	*betrügen*	linken
guindar	*hinaufwinden*	angeln
caco / ratero		Langfinger

Schuften und Arbeiten

Eines der gängigsten Vorurteile, die es gibt, sagt den Spaniern nach, dass sie die Arbeit nicht gerade erfunden hätten. Die Spanier haben notgedrungen ihren Arbeitsrhythmus den Temperaturen angepasst. So wird im Allgemeinen von 9 bis 14 Uhr gearbeitet, dann folgt während der heißesten Tageszeit die siesta, und von 17 bis 20 Uhr wird ein zweites Mal losgelegt.

In nicht wenigen spanischen Köpfen gilt immer noch derjenige als angesehener Mann, der existieren kann, ohne einem ersichtlichen Broterwerb nachzugehen. Der Ursprung dieser Einstellung liegt in früheren Jahrhunderten, als nur derjenige sich zum Kreis der Adligen zählen durfte, der nicht zu arbeiten brauchte. Wer dies doch musste, verlor all seine Privilegien. Deshalb versuchten viele verarmte Kleinadelige, den Lebemann vorzutäuschen, waren aber nichts anderes als muertos de hambre: Hungerleidende.

calzarse	einen Posten einnehmen	*wörtl.: anziehen*
chupar	nassauern	
currar	schuften, malochen	
dar el callo	hart arbeiten	*Schwielen geben*
ponerse las pilas	sich aufraffen	*Batterien einlegen*
dar cuartelillo	jemandem helfen	*Wachhaus geben*
camelar	in den Arsch kriechen	*einschmeicheln*
quedarse frito	müde, kaputt sein	*frittiert bleiben*
estar hecho polvo	total kaputt sein	*zu Pulver gemacht*

Wörtlich	Spanisch	Deutsch
Das hat viel Tomate!	**¡Eso tiene mucho tomate!**	Das ist vielleicht kompliziert!
auch: reizvoll		
roh / hart	**crudo**	schwierig
	Esto está tirao.	Das ist kinderleicht.
Hörner zerbrechen	**romperse los cuernos**	sich (unnötigerweise) den Arsch aufreißen
	descornarse	hart arbeiten
beschmieren	**pringar**	sich abrackern
aufstemmen	**hincarla**	verbissen arbeiten
gebraten bleiben	**quedarse frito**	total kaputt sein
das Ohr bügeln	**planchar la oreja**	auf's Ohr hauen
die Spinne totschlagen	**matar la araña**	rumhängen
	trapichero / trapicheo	unsauberes Geschäft / Schacherei
	guarrería / chapuza	Pfusch, schlampige Arbeit
von **liquidación:**	**dar el lique**	rausgeschmissen werden
Geländer	**baranda**	Chef
	mandamás	Chef
	currante	Malocher
	hortera / atlátere	Gehilfe, Adlatus
	manazas	Tölpel, einer mit zwei linken Händen
	librar	einen freien Tag haben
	forrarse	sich dumm und dämlich verdienen
	un rascacuartos	jmd., der überall seine Finger drin hat und mitverdient, Profiteur
	¡Mañana cojo dinero!	Morgen gibt's Kohle!
	¡Ese se curra el bar a tope!	Der Typ schmeißt den Laden!

bacalada	Bestechung
engrase	Schmiergeld

Fett

Lernen und Studieren

Die Schulferien verteilen sich auf zwei Monate Sommerferien (meist vom 15. Juli bis 14. September). Unterricht wird auch nachmittags, oft sogar samstags, abgehalten.

Es existiert ein anderes Notensystem, es werden Noten von 1 bis 10 vergeben, wobei 10 die beste erreichbare Note ist.

Vielfach werden noch Schuluniformen getragen, besonders an Privatschulen. Eingeführt wurde die Uniformierung der Schüler vom Diktator Franco. Sie sollte der Gleichheit der Schüler, wenigstens der Kleidung nach, dienen. Doch im Laufe der Zeit kehrte sich der Umstand ins Gegenteil. Die Schuluniform wurde zum Statussymbol. Da jede Schule ihre eigene Uniform besaß, konnte an der Schuluniform der Kinder der Status der Eltern abgelesen werden.

Fast an allen Schulen werden Uniformen getragen.

Das System der Universitäten ist ähnlich aufgebaut, bis auf das Tragen von Uniformen. Für jeden Kursus muss eine Studiengebühr bezahlt werden, die nicht unerheblich ist. Der Kursus läuft das ganze Studienjahr über, eine Einteilung nach Semestern gibt es nicht. Am Ende stehen schriftliche Prüfungen, wer besteht, darf im kommenden Jahr das nächst höhere Studienjahr besuchen. Viele Studenten gehen deshalb

Die Universitäten in Spanien sind gebührenpflichtig.

während des Jahres kaum zur Uni, und versuchen nur, am Ende des Studienjahres die Prüfung zu bestehen.

von catedrático	**cátedro**	Pauker
wörtl.: Sieb	**coladero**	ein Dozent, bei dem man leicht die Prüfung besteht
	estradivarius	Streber
Kotelett	**chuleta**	Spickzettel
	tocho	Wälzer
	chapar	studieren
ausbrüten	**empollar**	büffeln
verschleißen	**desgastarse**	ernsthaft studieren
sich die Ellenbogen zerbrechen	**romperse los codos**	ernsthaft und viel lernen
sich die Wimpern verbrennen	**quemarse las pestañas**	ständig nachts lernen
einrollen	**enrollar**	sich auf etwas konzentrieren
zur Hirnschale gehen	**ir de cráneo**	den Kopf voll haben
die Kokosnuss essen	**comerse el coco**	sich das Gehirn zermartern
eine Melone sein	**ser un melón**	dumm sein, nix verstehen
umwerfen	**tumbar / catear / fracasar**	eine Prüfung schmeißen, durchfallen
Brezel	**rosco**	mangelhaft (eine Null im Examen)
	repesca	Nachprüfung
Schlag	**cate**	durchfallen (Prüfung)
	empollón	Streber, Nerd

Körperteile

antenas	*Antennen*	Ohren
piños		Zähne
picota	*Spitze*	Nase
coco	*Kokosnuss*	Kopf
bistec	*Beefsteak*	Zunge
cebolla	*Zwiebel*	Kopf
cachola	*Topf*	Kopf
careto	*Maske*	Gesicht
bola de billar	*Billardkugel*	Glatze
dátiles	*Datteln*	Finger
zarpa	*Klaue, Pfote*	Hand
cachas		Beine
pinreles		Füße

allgemeine Ausdrücke, alphabetisch

acojonar	(sich) einschüchtern lassen	
¡ajo y agua!	Augen zu und durch!	*von* a joderse y aguantar
andoba	Typ, Kerl	
bata	Mutter	
canguelo	Bammel	
carburar	klappen, funktionieren	*wörtl.: verkohlen*
chabolilla / cabaña	Wohnung	*Hütte*
cheira	Messer	
¡Chorrada!	Quatsch!	
choteo	Scherz, Spaß	
chuminada	Blödheit	

	chungóno	Spaßvogel / witzig
	chunguero	Witzbold
die zwei Entlein	**los dos patitos**	die Zahl 22 *(Zahlenkombination im Lotto*
	enrollar / estar implicado	einwickeln, verwickelt sein
	estar en el culo del mundo	am Arsch der Welt sein
das Bällchen machen	**hacer la pelotilla**	schmeicheln
	junar / capiscar	sehen, Lage peilen
Lori-Papagei	**loro**	Radio
	machada	Heldentat
	mismamente	gerade, eigentlich, lediglich
	a mogollón /	verdammt viel
	a porillo	tierisch viel
Affe	**mono**	kleines Kind
das hübsche Mädchen	**la niña bonita**	die Zahl 15, z. B. beim Bingo: 15, la niña bonita
Wöchnerin	**parida**	dumme Tat
	tacos	Jahre (auf dem Buckel)
Schatz	**tesoro**	Himmel
... reizt mich	**Me provoca ...**	Ich hab' Bock auf ...
Hast du die Stunde?	**¿Tienes hora?**	Wie spät ist es?
der ganze Fischfang	**toa la pesca**	alles
Rolle	**rollo**	Geschichte, Verwicklung
	todo quisqui	jeder Depp
	sobado	abgenutzt, abgedroschen
	un purili	ein zerstreuter Mensch
	sobar	pennen, poofen
	¡Voy fijo fijo!	Ich komme 100%ig! / unter Garantie!

¡Es la Hostia!

Super, Spitze, Hammergeil

Eine Liste mit Begriffen, die etwas Positives ausdrücken:

güai / güay	prima, klasse
supergüay	supergut
de aúpa	prima
chulo	cool
a base de bien	verdammt gut
macanudo	prima
¡Acojonante!	Irre!
¡Está de coño / coña!	Das hat Stil!

Das ist von der Möse!

¡Es la Hostia!

wörtl.: vom Schnurrbart	**de bigote**	toll, großartig
	mandacojones	super
	¡Es cachondo!	Das ist geil / spaßig / witzig.
	chachi	astrein
	Es muy macho.	Das ist 'n dufter Typ.
(eher lateinamerikan.)	**¡Demonio!**	Beeindruckend!
	de campeonato	phänomenal
	Vacilamos cantidad.	Wir haben es uns gutgehen lassen.
	bestial	stark, tierisch
	chanchi	saugut, geil
	cojonudamente	verdammt gut, sehr gern
	chupi	affengeil
	fenomenal	fantastisch
	pasarlo cha(n)chi	sich toll amüsieren
(Ausdruck aus Madrid)	**morrocotudo pipa**	beeindruckend
pipa = *Sonnenblumenkern*	**pasarlo pipa**	die Stimmung ist hammergeil, saugeil, nice

ñorda	saugut	*Scheiße*
divino	wunderbar, großartig	*göttlich*
pistonudo	ausgezeichnet	
virguero	sehr schön	
descojonante	riesig, kolossal	
tan ricamente	verdammt angenehm	*so ausgezeichnet*
despampanante	fabelhaft, fantastisch	
da buten	dufte, erstklassig	
de cojones	glänzend	*vom Hoden*
dabuti	erste Sahne, super	
de chipén	toll, großartig	*vom Leben*
¡Me enrolla cantidá!	Es gefällt mir total!	
Me mola mucho.	Ich finde es total cool.	
mollar	klasse	*mager*
¡Es la hostia!	Das ist scharf!	*Das ist die Hostie!*
de pánico / miedo	enorm	*von der Panik / Angst*
cojonudo	toll	
pecholada	tolle, hübsche Sache	pecho: *Brust*
de puta madre	geil, erste Sahne	*von der Hurenmutter*
super-macanudo	supergeil	
de pistón	glänzend	*vom Kolben*

Cutre, Chorrada, Chaladura

Blöde & Beschissen

Im Folgenden eine Liste von Begriffen, die eher etwas Negatives ausdrücken:

	cagarruta / cacarruta	Pleite, miese Sache
Rand	**borde**	unerträgliche Person
	chungo	mies, ungeil
	alobado	dumm, albern
	movida chunga	miese Stimmung
Kohl (Ausdruck a. Madrid)	**berzas**	stumpfsinnig
	agilipollao	dumm, albern
	besugo	stumpfsinnig
eine Röhre von Film	**un tubo de película**	der Film ist 'ne Pleite
	una petartada de película	ein Scheißfilm
ein Scheißhaufen von Film	**un truño de peli**	ein mieser Film
	chorra	beschränkt
	full	cool, toll
	cenútrio	schwerfällig
	chungalí	etwas daneben
	grillado	verrückt
	chancho	schweinisch, liederlich
	capullada	Quatsch
	tarado	idiotisch
	carajada	unwichtige Sache
	estar chalado	'ne Meise haben

© Hans-Jürgen Fründt

chaladura	Verrücktheit / eine verrückte Sache	
hortera	spießig	
chorrada	Unsinn, Blödsinn	
¡Una eme!	Eine Scheiße!	eme = M = mierda
petardo	schlechter als angenommen	
fulastre	stümperhaft	
Me cae gordo.	Das stinkt mir.	*wörtl.: (das) fällt mir dick*
guillado	halb verrückt	
litri	affektiert	
percebe	Dummkopf	*Entenmuschel*
soso	langweilig / fade	*schal*
tronado	verrückt	*elend*
tontolpijo	totaler Idiot	
cutre	spießig	

¡Coño, Leche, Jolines!

Kraftausdrücke

Hier gibt es ein paar Begriffe, die (in unterschiedlichste Formen abgewandelt) immer wieder auftauchen. Es sind Begriffe, die ihre eigentliche zotige Bedeutung verloren haben und die jeder Spanier ständig gebraucht, als Ausruf in allen nur denkbaren Situationen! Der schlagende Beweis für die allgemeine Akzeptanz eines Wortes wie z.B. coño *(Fotze)* lieferte die angesehenste Zeitung Spaniens El País. Anlässlich der Verleihung des Literaturnobelpreises an C. J. Cela 1989 druckte sie eine Anzeige mit der Überschrift: ¡Por fin, coño!

¡Por fin, coño! = *Na endlich, verdammt noch mal!*

¡Coño!, ¡coñe! wird oft als überraschter, verärgerter, freudiger, bewundernder Begriff gebraucht. Bedeutung ungefähr: verdammt, Scheiße, verflucht, Donnerwetter, nicht möglich, Klasse usw.

© Hans-Jürgen Fründt

en el quinto coño / en el quinto pino	am Arsch der Welt	*wörtl.: an der fünften Fotze / Pinie*
¡leche!, ¡leñe!	wird ähnlich gebraucht wie coño	*Milch*
¡Qué mala leche!	Was für ein schlechter Charakter! Was für ein mieser Typ!	mala leche *= schlechte Milch*
¡Qué mala uva!	gleiche Bedeutung wie die schlechte Milch	mala uva *= schlechte Traube*
¡joder!	der vielleicht am häufigsten gebrauchte Ausruf existiert auch in „weicheren" Versionen: **¡jo-er!**, **¡jolín!**, **¡jolines!**, **¡jo!**, **¡jope!**, **¡joroba!**	*ficken*
¡hostia!	wird ähnlich oft wie coño oder joder benutzt, meist als überraschter, verärgerter oder bewundernder Ausdruck. Abwandlungen von hostia im Sinne von „Donnerwetter": **¡hosti!**, **¡hostias!**, **¡la hostia!**, **¡ostras!**, **¡nardiez!**	*Hostie*

Ein anderer Ausruf, wird ebenfalls ständig gebraucht:

¡Me cago en la madre que te parió!
Ich scheiß auf die Mutter, die dich geboren hat!

Dieser wird noch in Abwandlungen benutzt:

mar *für* madre	**¡Me cago en la mar!**
puta madre =	**¡Me cago en la puta madre!**
Hurenmutter	**¡Mecagüen (en la leche de tu madre)!**
	¡Mecachis!
	¡Me cago en la leche (de tu madre)!
	¡La leche!
	¡Me cago en Dios!
hier: diez *für* Dios	**¡Me cago en diez!**
	¡Mecachis en diez!
	¡O diez!
	¡Ele!

wörtl.: Salat	**¡Lechugas!**	Mist! / Scheiße!
	¡Qué mierda!	Was für eine Scheiße!
	¡Ñorda!	Scheiße!
	¡Que coñazo!	Was für'n Scheiß!
	¡Que moñazo!	Was für'n Mist!
	¡Caray!	Zum Teufel!
Schnecken	**¡Caracoles!**	Verdammt!
Korken	**¡Corcho!**	Verdammt!

Gilipollas

Schimpfworte & Beleidigungen

Hier kann wirklich nur eine Auswahl geboten werden. Es sind Begriffe, die Sie relativ häufig hören können, obwohl gerade in diesem Bereich die „Moden“ schnell wechseln. Die Übersetzung kann nur eine ungefähre Annäherung an das Sprachniveau geben.

für Männer

asqueroso	Widerling	*wörtl.: widerlich*
capullo	Neuling, Rotarsch	
basca	Pack	*Übelkeit*
carapijo	Tölpel	
baturro	Tölpel	
chorizo	Gauner	*Paprikawurst*
bocazas	Plappermaul	
boceras	Großmaul	
cabrón	Saukerl	*Ziegenbock*
cabronazo	geiler Bock	*Abwandlung von*
cabroncete	Scheißkerl	*„Ziegenbock“*
cabronzuelo	Arschloch	
calzonazo	Pantoffelheld	
chorra	Dummkopf	
chulapo	Flegel	
chulo	Flegel, Angeber	
cocazas	Großmaul	
cuchara	Priester	*Löffel*
palurdo	Landei	

	debilucho	Weichei
lügnerisch	**embustero**	Angeber
	gaché	Kerl
	gamberro	Flegel / Lausbub
	haragán	fauler Sack
	giliflautas	Idiot
	hideputa	Hurensohn
	gilipichas	Blödmann
Engländer	**hijo de la gran Bretaña**	Hurensohn
	gilipollas	Idiot, Blödmann, Arschloch
Sohn der Schlechten	**hijo de mala**	Hurensohn
	gilitonto	Arschloch
	hijo de puta	Hurensohn
	golferas	Strolch

hortera	Möchtegern-pijo (s. u.)	
lameculos	Arschlecker	
pasota	Freak, Aussteiger	
majadero	Einfaltspinsel / Sturkopf	*dumm*
pendejo	Schlappschwanz	*(v. a. lateinamerikan.)*
mamón	Knilch	
petardo	miese Type	
mamerto	Blödmann	
pijo, pijotero	Söhnchen reicher Eltern, Snob, Dandy	
mangui	Strolch, Gauner	*auch: Lebenskünstler*
pillastre	Schuft	*(aber nicht so negativ!)*
merchero	Penner	*Kaufmann*
pindongo	Herumtreiber	
merdellón	Möchtegern	
puerco	Schweinehund	*Schwein*
mochales	bekloppt sein	
puñetero	Dreckskerl	
naricetas / narizotas	Nasenbär / indiskreter, neugieriger Mensch	
quinqui	Kleinkrimineller	
pajolero / pajonero	Störenfried	
panoli	Einfaltspinsel	
tacaño	Geizhals	
pardillo	Hänfling / naives Weichei	
pavo	Trottel	

für Frauen

furcia	Nutte, Schlampe	
vieja carroña	altes Aas	
pechugona	dralles Weib	pecho = *Busen*

alte Karre	**vieja carroza**	alte Schachtel
	pendona	Flittchen

für Homosexuelle

Lesbe	
bollera	
machorra 💣	= *unfruchtbares Weib*
tortillera	

abgerundet	**Bisexueller**	**redondo** *abgerundet*

Come carne y pescado.
Er isst Fleisch und Fisch. *(Er ist bi).*

Schwuler	
del otro barrio	*aus dem anderen Viertel*
moña	*Haarschleife*
bardaje	*Schwuler, der sich prostituiert*
bujarrón 💣	*Arschficker, Päderast*
canco, chapero	*Blumentopf*
culero 💣	*Arschficker,* *auch: Schmggler, der Heroin im Körper schmuggelt*
jibia	*ein bestimmter Tintenfisch*
maricón / mariconа	*warmer Bruder*
sarasa	*(femininer) Schwuler*

für Ausländer und Minderheiten

Die hier genannten Begriffe sollen (wie auch schon die Vorgenannten) nur zum Verstehen aufgelistet sein. Benutzen Sie sie möglichst überhaupt nicht, auch wenn viele Wörter in Spanien fast schon zum alltäglichen Sprachgebrauch gehören. Es sind und bleiben Schimpfwörter.

anglicón	Engländer	
moro	Araber	*wörtl.: Maure*
baturro	jemand aus Aragón	*dickköpfig*
payo	Nicht-Gitano	*Bauerntölpel*
boquerón	jemand aus Málaga	*Sardelle*
polaco	Katalane	*Pole*
cabeza cuadrada	Deutscher	*Quadratschädel*
guiri	jeder Ausländer / Tourist	
calorro	Gitano	*Farbige*
catalino	Katalane	
italianini	Italiener	
sudaca	Südamerikaner	
los del foro	Madrider	*die vom Forum*
madriles / chulapo	Madrider	
bolo	jemand aus Toledo	
pucelano	jemand aus Valladolid	*Kegel*
cazurro	jemand aus León	*Kratersand / auch: Tölpel*
maño	jemand aus Aragón	*trübsinnig, verschlossen*
caballa	jemand aus Ceuta	
gabacho	Franzose	
charnego	Nicht-Katalanen, die zugewandert sind	*Makrelen; nur in Katalonien gebraucht*

Gote	**godo**	Spanier vom Festland; nur auf den Kanaren gebraucht
	maqueto	zugewanderte Spanier; nur im Baskenland gebraucht
vom Dorf	**de la villa**	Madrider; nur in Andalusien gebraucht

Für Spanier, die aus Andalusien nach Madrid zugewandert sind, gibt es einige herablassende Begriffe, die sich auf deren Heimat (la tierra) beziehen:

aus Almería:	
la tierra de la legaña	*Augendreck*
la tierra del esparto	*Steppengras*
la tierra del pijo	*Gernegroß*
aus Granada:	
la tierra de la mala follá	*schlechtes Ficken*
la tierra del charco	*Pfütze*
aus Málaga:	
la tierra del boquerón	*Sardelle*
aus Córdoba:	
la tierra del cipote	*Trommelschlägel*
aus Jaén:	
la tierra del ronquío	*Schnarchen*
aus Andalusien allg.:	
la tierra de María Santísima	*heiligste Maria*

No Me Vas

Zwischengeschlechtliches

Ein unendliches Thema! Gerade im Spanien der Nach-Franco-Ära hat sich auf diesem Gebiet einiges getan; zumindest die jüngeren Leute gehen viel liberaler miteinander um, als es noch ihre Eltern taten. Liebe und Sex waren noch vor einigen Jahren Tabuthemen, die Ehe war heilig. In den Großstädten sieht es heutzutage schon anders aus, in den Provinzen nicht unbedingt, und dort leben immer noch die meisten Spanier.

© Hans-Jürgen Fründt

Verbotenes ist immer schon reizvoll gewesen, und in Spanien ist das nicht anders. Die Folge: eine Flut von Umschreibungen und Slang-Ausdrücken, die „das" Thema berühren. Hier eine Auswahl.

Seien Sie vorsichtig im Umgang mit den Begriffen. Einige Wörter sind recht zotig und können nicht in jeder Situation gebraucht werden, schon gar nicht gegenüber dem anderen Geschlecht.

Die deutsche Übersetzung soll das ungefähre Sprachniveau wiedergeben:

sie zu ihm

	cariño	Liebling
	No me vas.	Du gefällst mir nicht.
	Eres un coñazo.	Du bist ein Langweiler.
	¡Qué pesado eres!	Wie nervig du bist!
	enterao	Schlaukopf
	Eres marchoso.	Du bist witzig.
wörtl.: Adler	**águila**	cleveres Bürschlein
	Eres muy macho.	Du bist 'n dufter Typ.
	pajolero	aufdringliche Type
Klotz	**tronco**	Kumpel
	ninchi	aufdringliche Type
Dudelsackbläser	**soplagaitas**	jemand, der sich für wichtig hält
Honigpfannkuchen	**pestiño**	Langweiler
	guapo	Schöner

sie zu ihr über ihn

pibe	Typ
pureta	Alter
tontaina	Depp
gachó	Macker, Kerl

pollopera	verweichlichtes Söhnchen
amigazo / amigote	guter Kumpel / Kumpan
pichabrava	kleinmütiger Mensch
chorbo	Freund, Lover
macarra	skrupelloser Typ
pupi / capullo	Jüngling / Bubi
No seas capullo.	Sei kein Frosch!

Calella de Palafrugell, Costa Brava

golfo	jemand, der viele Frauen hat	
voceras	Eingebildeter	
buitre	einer, der keine auslässt	*Geier*
tener líos con mujeres	in Weibergeschichten verwickelt sein	
Tiene mucha cara	Der ist unverschämt	*hat viel Gesicht*
tarado	Idiot	

er zu ihr

	cariño	Liebling
	cachas molonas	sexy Beine
	cachas guays	geile Beine
	parienta	Ehefrau
	jai	Mädchen
	chocho / chochito	Puppe / Spielzeug
	titi	Äffchen
	enana	Zwerg
	guapa	Schönheit
Abkürzung für: „Willst du ficken, Puppe?“	**¡Asuquiqui!**	Ausruf von Machos, wenn eine hübsche Frau vorbeigeht

er zu ihm über sie

Karosse	**carroza**	„alte“ Frau über 30
Flicken	**apañá**	Geliebte
	La tía me cae bien.	Die Tante gefällt mir.
Stütze	**arrimo**	Geliebte
kubanische Süßigkeit	**cantúa**	etwas füllig, aber geil
Distel	**cardo**	keine Schönheit
	pindonga	Herumtreiberin, Schlampe
	gachí	attraktive Frau
Hühnerauge	**callo**	hässliche Frau
	jaca	Stute
Möse	**chochín**	Tussi
Massiv	**maciza**	gut gebaute Frau
Flakon-Blonde	**rubia de frasco**	blond gefärbte Frau
	putilla	eine, die leicht zu haben ist

rubia de botella	Wasserstoffblondine	*Flaschen-Blonde*
Está loca por la música.	Die ist leicht rumzukriegen.	*Die ist verrückt nach Musik.*
chorba	Mädchen, Mieze	
tigresa	heiße Frau, steiler Zahn	
tía	Alte	*Tante*
tragona	eine, die leicht zu haben ist	*Gefräßige*
buscona	Frau, die viele Lover hat	*Sucherin*
loba	eine, die keinen auslässt	*Wölfin*
chislama	Mädchen, Girl	
campeona de natación	Frau ohne Po und Brust / „Bügelbrett“	*Meisterin im Schwimmen*
folladora	geile Alte	
calientapollas	eine Frau, die Männer heiß macht und dann fallen lässt	
foca	hässliches dickes Weib	*Seehund*
ligona	eine, die sich leicht anmachen lässt	*Anbandlerin*
es de Castellón de la Plana	Frau mit wenig Busen	Castellón de la Plana *ist ein Ort bei Valencia* plano = *eben / flach*
chochete	Tussi, Alte – *Vorsicht beim Gebrauch, steht auch für „Fotze“!*	

der Puff heißt übrigens puticlub

Prostituierte	
chipichusca	**putiplista**
pelandrusca	**chirlata**
piculina	**ramera**

er / sie über „es“

	hacer la rosca / hacer la pelota	jemandem schmeicheln
	encoñarse	sich verlieben
beißen	**morder**	küssen
	calado	sehr verliebt
verbinden	**ligar**	anmachen
	magrear	fummeln
Verbindung	**ligue**	Anmache
sich erhitzen	**calentarse**	sich aufgeilen
kleines Trinkglas	**cortadillo**	Anmache
	en cueros / en coritatis	nackt
	fornicar	rumhuren
zum Schuss bereitmachen	**arrejuntarse**	unverheiratet zusammenleben
	ponerse a tiros	Bereitschaft signalisieren
	dar el braguetazo	sich mit einer reichen Frau verheiraten
eine (Frau) über den Stein bringen	**pasarse a una por la piedra**	eine Frau rumkriegen
Futteral	**funda**	Kondom
Luftballon	**globo**	Kondom
Gummi	**goma**	Kondom
Regenschirm	**paraguas**	Kondom

Die Geschlechtsteile

Ja, und dann geht es eigentlich schon in die nonverbale Kommunikation. Trotzdem will ich auch zu fortgeschrittener Stunde niemanden sprachlos lassen. Die wörtliche Übersetzung gibt ansatzweise Aufschluss über das Sprachlevel:

Penis, Pimmel, Schwanz

butifarra	*Ziehharmonika*	**nabo**	*Rübe*
chisme	*Ding*	**palo**	*Stock*
chorizo	*Paprikawurst*	**pepino**	*Gurke*
chorra 💣	*Wasserstrahl*	**pica**	*Dorn*
cimbel	*Lockvogel*	**picha**	*Stange*
cipote	*Stange*	**pincho**	*Stachel*
cola	*Schwanz*	**pito**	*Pfeife*
escopeta	*Flinte*	**pluma**	*Feder*
látigo	*Peitsche*	**polla**	*junge Henne*
morcilla	*Wurst*	**verga**	*Rute*

Madrid

Hoden, Eier, Sack			
bolas	*Kugeln*	**colgantes**	*die Hängenden*
canicas	*Murmeln*	**güitos**	*Zylinder*
cojines	*Hoden*	**huevos**	*Eier*
cojones	*Hoden*	**pelotas**	*Bälle*
cojonazos	*Hoden*	**peras**	*Birnen*
criadillas	*Hoden*	**timbales**	*Trommeln*

Busen, Brüste, Titten	
delantera	*Vorderteil*
limones	*Zitronen*
escaparate	*Schaufenster*
mostrador	*Schaukasten*
pitones	*Höcker*
tetas	*Zitzen*
pulmones	*Lungen*
pechos	*Brüste*
globos	*Kugeln*

quisquilla
= *Kleinigkeit, Bagatelle*

Vagina, Möse		
agujero	*Loch*	**quisquilla**
alcanía	*Sparbüchse*	**chichi**
almeja	*Herzmuschel*	**chisme**
castaña	*Kastanie*	**chochada**
concha	*Muschelschale*	**chocho**
conejo	*Kaninchen*	**chumino**
guardapolvo	*Staubmantel*	**coño**
mochuelo	*Kauz*	**coñe**
pimiento	*Paprika*	

Ausdrücke zum Geschlechtsverkehr

Alles was folgt, heißt im Prinzip „bumsen", aber, wie immer, macht auch hier der Ton die Musik:

acostarse con	*mit jemandem schlafen*
arrimarsela	*sie sich stemmen*
birlársela	*ihr einen Schuss geben*
calzarse a una mujer	*eine Frau besteigen*
cepillar	*bürsten*
chingar	*bumsen*
quilar	*bumsen*
trincar	*bumsen*
echar caliche	*Kalk auswerfen*
echar polvo	*Pulver auswerfen*
encamarse	*ins Bett legen*
enrollarse	*sich mit jemandem einlassen*
follar	*vögeln*
hacer el amor	*Liebe machen*
joder	*ficken*
mojar el churro 💣	*Spritzgebäck nass machen*
mojar la almeja 💣	*die Muschel nass machen*
pasarse a una por la piedra	*sie über den Leisten ziehen*
picarla	*sie stechen, picken*
ponerle una inyección	*ihr eine Injektion verpassen*
tirarsela	*sie sich hinlegen*
trajinar	*hin und her bewegen*

Masturbation	
cinco contra uno	*fünf gegen einen*
frotársela	*sich reiben*
hacer puñetas	*wichsen*
hacerse una paja	*sich einen Strohhalm machen*
machacársela	*es sich zerquetschen*
tocar la campana	*die Glocke läuten*
hacerse un dedo	*sich einen Finger machen*

Cunnilingus	
comer el coño 💣	*die Fotze essen*
hacer la bufanda	*den Schal machen*
bajarse al pilón 💣	*lecken*

Fellatio	
bajarse	*sich runterbeugen*
bajar a la pila	*zur Batterie runtergehen*
hacer el francés	*den Franzosen machen*
hacer una mamada 💣	*lutschen*
lavado de cabeza 💣	*Kopf waschen*
chupar la polla	*Schwanz lutschen*

Brüste lutschen	
hacer una cubana	*eine Kubanerin machen*
hacer una paja rusa	*einen russischen Strohhalm machen*

Literaturhinweise

Die hier genannten Bücher / Schriften sind nicht über den Reise Know-How Verlag erhältlich.

Auf dem deutschen Markt gibt es meines Wissens nur eine Arbeit, die sich mit dem Thema spanische Umgangssprache beschäftigt:

Werner Beinhauer: **1000 spanische Redensarten**, Langenscheidt 1980, 2001. *Eine Auflistung von idiomatischen Redensarten, die durch humorvolle Illustrationen ergänzt sind.*

Neu auf dem Markt ist „**¡Te doy mi palabra!**", PONS 2018. *1.000 Redewendungen und Sprüche, die aus dir einen Spanier machen.*

In Spanien lassen sich darüber hinaus verschiedene Werke finden. Nach dem Ende der Franco-Ära und dem Aufkommen der movida beschäftigten sich einige Autoren mit den neuen sprachlichen Phänomenen:

Julia Sanmartín Sáez: **Diccionario de Argot**, Editorial Espasa Calpe, 1998. *Eine Fleißarbeit! Die Autorin hat 4700 Beispiele der Umgangssprache auf 877 Seiten zusammengetragen, meines Wissens eine unschlagbare Zusammenstellung!*

Delfín Carbonell Basset: **Diccionario del Argot: el Sohez**, Larousse 2000. *Ein Querschnitt durch die Alltagssprache im familiären, beruflichen und freundschaftlichen Kontext.*

José Calles Vales: **Jergas, Argot y Modismos**, Libsa 200. *Der Titel könnte der Name für ein Uni-Seminar sein, und ein wenig versteht sich das Buch auch so. Vorgestellt werden Begriffe aus der Alltagssprache, die man so nicht in den Wörterbüchern findet.*

Wortregister

© Hans-Jürgen Fründt

Auf den folgenden Seiten finden Sie ein alphabetisches Verzeichnis der meisten Begriffe, die in diesem Buch vorgekommen sind. Es soll Ihnen helfen, einen Ausdruck zu finden, den Sie in irgendeinem Zusammenhang gehört haben, aber von dem Sie nicht wissen, was er bedeutet. Hinter jedem Wort steht die Seitenzahl, auf der ein Ausdruck mit diesem Wort auftaucht.

A

B

C

G

H

I

Q

R

Für Ihre Notizen

Weitere Slang-Titel aus dem
Reise Know-How Verlag

Italienisch Slang

British Slang

Französisch Slang

Schwedisch Slang

Je € 9,90 [D]